AF247488

Fortune-Infortune-Fort-Une

NOTICE EXPLICATIVE

du quintuple sens de la devise

DE

MARGUERITE D'AUTRICHE

Duchesse de Savoie & de Bresse

Régente des Pays-Bas

par ÉDOUARD-LOUIS LAUSSAC

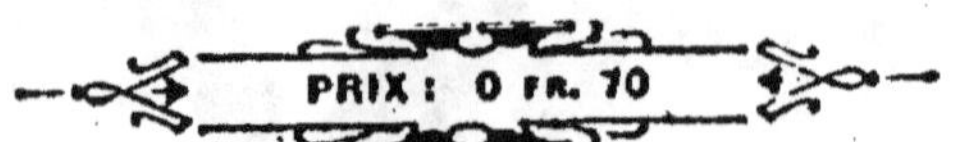

PRIX : 0 FR. 70

Imp. J. DUREUIL,
6, rue des Lices, Bourg.

EN VENTE CHEZ TOUS LES LIBRAIRES
à BOURG, LYON, PARIS

Grand Bénitier

Vue prise de l'axe de la nef que représente le bas de la
feuille, le portail à droite, le chœur à gauche. L'épigraphe
des trois pans visibles, reproduite, telle quelle, en arrière,
donne, en ajoutant à droite et à gauche le mot **Infortune**,
l'inscription totale des huit faces. (Voir page 12.)

FORTUNE~INFORTUNE~FORT~UNE

La devise **Fortune-Infortune-Fort-Une**, reproduite partout, à profusion, dans l'Eglise de Brou, fut composée, au dire de tous les auteurs, à la mort du duc de Savoie, *Philibert-le-Beau*, par sa femme *Marguerite d'Autriche* qui l'adorait et s'enferma de désespoir pendant deux ans en son château de Pont-d'Ain. Devenus, dès lors, la devise personnelle de l'archiduchesse, ces quatre mots sont inscrits sur ses actes, meubles et monuments. Quel en est le sens ? Les nombreuses interprétations données jusqu'ici et qu'on trouve énumérées dans les différents Guides, même celles des contemporains de Marguerite et des dépositaires de sa confiance, ne sont toutes que des à-peu-près insuffisants qui ne satisfont pas pleinement l'esprit, et c'est tout naturel ; car ces quatre mots, à eux seuls, ne signifient rien, ne constituent ni une maxime, une sentence, ni encore moins une devise ; ils ne sont, en réalité, *qu'un tronçon de devise.* En effet, la vraie devise comprend deux éléments distincts, la figure symbolique, le *Corps*, et des mots *appropriés* nommés *l'Ame* ou *légende.* Exemples : le croissant de Henri II avec mots *donec impleat orbem* ; le soleil de Louis XIV *nec pluribus impar ;* le chardon d'un roi de Navarre *nul ne s'y frotte* : soit encore les deux premières devises de Marguerite d'Autriche, rappelant les tristes destinées de ses deux premiers mariages : d'abord, à la suite de sa répudiation par Charles VIII et de son renvoi de la Cour de France, une haute montagne dont la cime est balayée par les vents, avec mots, *perflant altis* *sima venit*. Puis, à la mort de son second mari, Jean de Castille, et de celle de leur enfant, un arbre chargé de fruits, coupé en deux par la foudre, avec mots, *spoliat mors munera nostra*. Or, la tête qui manque à sa troisième et dernière devise gît uniquement au bénitier d'entrée de l'église do Brou, et n'est rien autre que le *Collier distinctif de Philibert* représentant les insignes do grande Maîtrise des deux ordres militaires de Savoie, le *Las d'amour* et l'*Annonciade*, Collier dont le duc est orné sur le lit de parade de son tombeau, et qu'on retrouve peint isolément, en forme d'écusson, au grand vitrail du chœur. La devise, ainsi armée de sa tête, parle sans aucun effort, sans aucune torture de mots, sans qu'on soit obligé de faire du substantif *infortune* la troisième personne d'un verbe qui n'existe plus, sorte d'équivalent d'*importune* : elle fournit aussitôt quatre sens des mieux appropriés et en outre, par antithèse, l'explication rationnelle de la devise isolée.

La Cordelière, avec le mot FERT, formé des initiales des deux exergues historiques :

Federe Et Religione Tenemur
Fortitudo Ejus Rhodum Tenuit

représente le Collier de l'Annonciade. La Cordelière enlacée, emblème matériel de tout lien moral, soit de la religion, soit do l'amour, amitié, mariage, donne avec le mot FERT : « *supporte, apporte* ou *emporte* » en latin, deux sens, mystique et profane : « religieux (ou bien *Enlacés* par l'amour, amitié, mariage) on *supporte Fortune* et l'*Infortune* d'une âme *Une* et *Forte*. » L'adaptation parfaite du sens FERT « Supporte » à Fortune, Infortune, a été pour moi le premier trait de lumière, et le sens *religieux* m'a été tout d'abord suggéré par le caractère même du lieu et par le Cordon symbolique que portent les ecclésiastiques, soit au chapeau, soit à la ceinture. Le sens profane a tout naturellement suivi. — J'expose d'ailleurs les cinq sens dans l'ordre même où ils se sont successivement présentés à mon esprit.

Deux autres nouveaux sens s'obtiennent en joignant l'épigraphe de face du bénitier à ses deux voisines : « au *Fort Une s'enlace* et lui *apporte Fortune* », ou bien « le *Fort Une enlace* et la *Fortune remporte* ». J'ai été amené à chercher ces deux sens de l'hymen par l'unique pensée que les cinq points séparant les cinq mots de l'emblème devaient avoir leur raison d'être, *cinq points, cinq mots, donc cinq sens.* Le cinquième sens est celui de là devise isolée, sens d'antithèse et d'opposition, *conformément aux règles* : « en *Fortune, Infortune*, être *Forte* quoique *Une* ». *Une* ou *solitaire* est bien en opposition directe avec l'idée d'enlacement des quatre premiers sens, avec le lacet du Corps.

Le hasard est-il l'auteur d'une aussi ingénieuse combinaison, ou bien est-ce Marguerite qui était, comme il est prouvé, des plus expertes en devises ? Je n'ai aucun doute à cet égard, et je n'en ai pas davantage à l'égard de la rigoureuse exactitude de l'énoncé suivant, qui résume toute la présente thèse et l'interprétation absolument nouvelle que je me permets de donner : « *La devise de Marguerite n'est intelligible que par son accollement au Collier de Philibert.* » Voici les arguments aussi décisifs qu'irréfutables, base de ma double conviction :

I. Alors que la devise isolée ne représente en rien la mort de Philibert, *motif principal de sa composition*, le Collier du défunt, dans la présente interprétation, *tient la place d'honneur*, devient le Corps de la devise complète, la clef des cinq sens ; Marguerite, sans nul doute, l'a choisi pour Corps de sa devise, en souvenir du Collier que le cher défunt lui faisait de ses bras, et elle a voulu que sa devise personnelle fût sans Corps, pour montrer qu'elle-même, privée de son mari, restait désormais sans Collier, comme une âme sans corps. Cette similitude qu'on peut établir entre un personnage et sa devise est la condition de beauté primordiale et la plus difficile prescrite par l'art des devises, car la devise ne doit être qu'une métaphore de *proportion*, une comparaison.

II. Alors que les quatre mots « Fortune, Infortune, Fort, Une » ne constituent pas même une phrase, leur simple adjonction au Collier de Philibert en fait un ensemble harmonieux, une devise non seulement très régulière dont ils sont l'âme, le Collier étant le Corps, mais essentiellement parfaite et présentant, outre la similitude ci-dessus décrite, les trois autres principales beautés prônées, savoir : 1° l'emploi des armes parlantes d'un personnage en guise de Corps ; 2° l'opposition de sens entre l'âme et le Corps ; 3° l'inintelligiblité de l'âme isolée. Telles sont les règles de l'art des devises *auxquelles il est tout naturel de se reporter, puisqu'il s'agit d'en expliquer une.* 1° Le Collier de Philibert forme bien le Corps ; 2° la devise de Marguerite, par sa finale Une ou solitaire, est bien en opposition directe avec le Corps, avec l'idée d'enlacement que marque la Cordelière enlacée ; 3° quant à l'obscurité de l'âme, c'est-à-dire de la devise isolée, obscurité qui, depuis quatre siècles, a fait verser tant de flots d'encre et qui est encore l'objet de la présente étude, elle n'est donc en réalité qu'une beauté *exigée*. Enfin, puisqu'il est absolument avéré que c'est bien Marguerite d'Autriche qui, à la mort de Philibert-le-Beau, en 1504, a choisi l'âme « Fortune Infortune Fort Une », il est indiscutable qu'elle a forcément choisi le Corps et qu'elle est bien l'auteur de l'emblême complet. Il est impossible qu'elle aie adopté ces mots pour devise sans remarquer les sens que leur donne le Collier distinctif de son regretté mari.

III. Alors que la devise isolée n'explique absolument rien, ne s'expliquant pas même elle-même, son accollement au Collier met en relief le motif de la profusion, partout dans Brou, sur les murs, tombeaux, boiseries ou vitraux, des initiales P M enlacées et de la palme enlacée, le motif du choix des vitraux et de la constante figuration dans chacun d'eux de Philibert et de Marguerite, motif qui, chose curieuse, est l'origine même du Collier, l'amour. Cette interprétation se trouve, en outre, singulièrement corroborée par la célèbre médaille commémorative que la ville de Bourg, appartenant alors à la Savoie, fit frapper à l'occasion du mariage de Philibert et de Marguerite, 1er décembre 1501 : la face porte leurs deux bustes se regardant, au milieu d'un champ semé de fleurs de lis et de *lacs d'amour* avec l'exergue : Philibertus dux Sabaudiæ VIII^us, Margarita Maxi. Aug. fi. d. S. Au revers est l'écu mi-partie de Savoie et d'Autriche, surmonté *d'un grand lac d'amour* et entouré de la légende : Gloria in altissimis Deo et in terra pax hominibus — Burgus. Cette pièce de monnaie du mariage de Philibert, bien mieux que tous les autres emblèmes motivés par sa mort, bénitier, chiffre ou palme enlacés, met en relief la dualité symbolique du lac d'amour, représentant à la fois l'ordre du Collier, au point de vue de l'armorial et l'amour ou mariage, au point de vue moral.

IV. La parfaite concordance de l'origine amoureuse du Collier avec la vive affection de Marguerite pour son jeune mari, mort à vingt-quatre ans, explique le soin extrême qu'elle a mis à cacher de son vivant le secret de sa devise en en renforçant l'obscurité primitive que l'art pouvait réclamer et montre pourquoi la clef n'est qu'à un seul endroit et n'a été offerte à la curiosité du public que dix-huit ans après la mort de Marguerite. C'est uniquement parce que les cinq sens de cette devise procèdent tous du lac d'amour d'Amé VI, du galant Comte Vert. L'archiduchesse a cru devoir déguiser, par pudeur féminine, ses plus intimes regrets.

Je ne crois pas qu'on puisse réclamer des arguments meilleurs et plus concluants, à moins d'exiger que Marguerite ne vienne en personne attester un fait qu'elle n'a jamais voulu consentir à dire de son vivant.

Une seule objection sérieuse pourrait être faite, c'est que le bénitier se trouve postérieur de dix-huit ans à la mort de

Marguerite (1er décembre 1530), n'ayant été achevé qu'en 1548. Mais, d'après les archives de l'Ain, de Lille ou de Bruxelles, reproduites *in extenso* aux pièces justificatives du livre très documenté l'*Église de Brou*, par Jules Baux, on voit que Charles-Quint, neveu et héritier de Marguerite, peu soucieux de continuer à engloutir, comme sa tante, des sommes énormes pour l'achèvement de l'église de Brou, supprime immédiatement les crédits et ordonne de précipiter l'aménagement intérieur du monument, terminé à la hâte et tant bien que mal en 1532. Trois ans après, 1535, la requête des religieux de Brou (pièce n° XXI), aux exécuteurs testamentaires, signale comme indispensable « *d'achever un bénitier de marbre noir, déjà sur les lieux et fait en partie.* » Du moment que la taille du bénitier se trouvait commencée, il est certain que le sculpteur en avait le modèle exact approuvé par la Régente des Pays-Bas, rien ne s'exécutant à Brou que sur les plans qu'elle envoyait. L'Empereur, auquel l'état des besoins est immédiatement transmis (20 avril 1535), *ne le renvoie que onze ans après* (mai 1546), avec ordre d'y satisfaire. Les exécuteurs ordonnancent le 22 août 1547, et le bénitier s'achève en 1548 (pièce XXIII). L'on pose en même temps, chose curieuse, les treilles de fer des trois tombeaux, de Marguerite d'Autriche, de Philibert et de la mère de ce dernier, Marguerite de Bourbon. Or, le haut de ces trois treilles en fer forgé porte la Cordelière et le mot FERT, mais la devise « Fortune Infortune Fort Une » ne figure que sur celle de Marguerite d'Autriche seule. Ces devises (pièce n° XXII) sont données au ferrailler Fuma, par les dits sieurs Jehan de Cormaillon, gentilhomme de la maison de la Reine d'Ongrie, et du Père Hiérosme de Follys, Prieur du Couvent de Brou, qui, sans nul doute, les avaient trouvées dans les archives de la Communauté, car il est inadmissible que la taille du bénitier aie été entamée au moins quinze ans avant sans aucun plan ; on ne peut pas davantage supposer que Marguerite n'aie pas prévu de bénitier d'entrée, pièce indispensable à toute église, mais qui ne peut être mise en place qu'après l'achèvement définitif de tous les travaux intérieurs. Il est d'ailleurs avéré que la Régente des Pays-Bas, *tenant à faire œuvre de princesse chrétienne et de fille d'Empereur*, s'astreignait à arrêter personnellement les moindres détails du beau monument. Telles sont les raisons absolument authentiques et probantes, expliquant comment le bénitier, bien que postérieur de dix-huit ans à la mort de Marguerite, a dû être exécuté sur le dessin même que la princesse en avait donné. Personne autre d'ailleurs n'aurait pu imaginer le triple emblème qu'il représente pour paraphraser la mort de Philibert, la devise, les quatre têtes et la croix de marbre noir (pièce n° XXIII), la *croix de douleur*, qui devait surmonter le socle intérieur du bénitier, mais n'a jamais été placée. Je me suis demandé si ce socle vide, changeant de destination et d'emblème, ne devrait pas supporter la statue symbolique de l'Evêque St Denis, tenant sa tête entre ses mains, pour bien marquer que la devise de Marguerite ornée de sa tête, le Collier de Philibert, prend vie et se met à parler.

La belle figure de Marguerite, chantée en toutes langues par les poètes contemporains, poète elle-même et très versée en devises à en juger par les siennes, experte en langues vivantes ou anciennes, comme en musique, en danse, et toutes sortes d'arts, m'a paru, plus qu'aucune autre, mériter l'hommage de la versification, fût-il même très imparfait.

Enfin, l'étude du bénitier monumental, resté on ne sait comment, quatre cents ans dans l'oubli, non seulement fournit l'explication rationnelle des cinq sens de la devise et du double motif de son obscurité, mais explique les plus secrets sentiments de son auteur et donne un léger aperçu de la remarquable unité de conception qui a présidé aux moindres détails de la belle église, y laissant entrevoir, comme dans tout chef-d'œuvre, le merveilleux prestige de l'unité dans la diversité.

Dans la chapelle de N.-D. de la Pitié, au bas du vitrail du Christ montrant ses plaies, est le petit médaillon reproduit ci-dessus, auquel correspondent en haut les armes de Philibert à gauche et de Marguerite à droite : deux amours, tout nus, ceints d'une petite couronne jaune de cœurs de Marguerites *effeuillées* sont à califourchon sur deux dragons, face à la queue, ornée de nénuphars et s'y cramponnent des deux mains. Ils se tordent littéralement le cou pour s'entrevoir encore et échanger de brûlants regards tandis que chaque monstre, *la tête entièrement renversée*, leur lèche les reins de sa langue de feu ; la tête ainsi suit la queue qui gouverne.

Pour moi, l'œuvre de Brou n'est qu'un grand cri d'amour. C'est l'amour, l'idée mère qui y a tout inspiré, tout engendré. C'est là le fil d'Ariane, conduisant au sens intime des choses et formant la trame légère, brodée par la fantaisie de mille ornements divers, mais néanmoins facile à reconnaître, sous le fouillis, en apparence inextricable des motifs variés. Le médaillon ci-contre m'en paraît être un exemple éclatant ; c'est pour moi l'emblème de la passion humaine, passion dont la pieuse Princesse n'était pas, paraît-il, dénuée...., d'après son propre dire, seul témoignage à invoquer pour une pareille assertion. Voici deux strophes de ses poésies inédites, tirées d'un précieux manuscrit (Jules Baux, page 68).

> Je prie à Dieu qu'il me doint tempérance
> Mestier en ay ; je le prens sur ma foy ;
> Car mon seul bien est souvent près de moy,
> Mais pour les gens, faut faire contenance.

> Pourquoi coucher seulette et à par moy :
> Qu'il me faudra user de pacience !
> Las ! C'est pour moi trop grande pénitence,
> Certes ouy, et plus quant ne le voy !

Joignons-y le facétieux distique qu'elle improvisa, dit-on, en guise d'épitaphe après une terrible tempête, en allant par mer rejoindre son mari en Espagne :

> Ci-gist Margot la gentil'damoiselle
> Qu'ha deux marys et encore est pucelle.

Ces citations très suggestives me paraissent donner une idée nette du caractère enjoué de Marguerite d'Autriche, comme de son tempérament, et justifient l'assertion.

La figure ci-dessus se compose de deux parties hétéro-
gènes, emboîtées l'une dans l'autre pour faire sauter aux
yeux l'identité de l'emblème, tête de la devise du bénitier,
avec le Collier de l'Annonciade. La partie intérieure est la
reproduction de ce collier tel qu'il figure au grand vitrail du
chœur ; le pourtour octogonal au contraire représente la
coupe horizontale des 8 faces du bénitier, avec l'inscription
que porte chacune d'elles, le bas de la feuille représentant
l'axe de l'église, la porte d'entrée à droite, le chœur à gauche. Au même vitrail, le duc, en prière, porte au cou le collier.

FORTUNE ~ INFORTUNE ~ FORT ~ UNE

La devise Fortune-Infortune-Fort-Une
Que Brou partout présente obsède et m'importune,
Comme l'obscur problème, impossible à saisir,
Attrayant cauchemar, plein de peine et plaisir.

·:· FE RT ·:·

Aux six pans latéraux d'un bénitier énorme,
Colosse en marbre noir, d'octogonale forme,
Sont gravés, par deux fois, ces mots mystérieux
Encadrés de cinq points (1) ; mais, détail curieux
Qu'on a grand tort d'omettre, aux deux pans qui font face
A l'axe, et comme en-tête, on lit ·:· Fert ·:· qu'entrelace

---

(1) Les 5 points ·:· disposés en forme de roue indiquent
que le sens tourne 5 fois. Ce n'est point encore là un simple
effet du hasard, mais une concordance voulue et probante.
La devise complète offre 5 sens comme elle a 5 mots.

(1) Sur l'emblème du bénitier ·:· Fert ·:· est encadré
de 5 points, comme tous les autres mots de la devise, *parce
qu'il en fait partie intégrante* ; c'est un véritable mot et
non plus le simple assemblage de quatre initiales historiques,
comme sur le Collier de Philibert ci-contre, que cet emblème
représente. Le mot FERT quinze fois répété s'y trouve entre-
lacé par la Cordelière d'un identique enroulement et alterne
quinze fois avec des roses émaillées. Au bout du Collier
pendait l'image de la Vierge et de l'Ange annonciateur,
armé de sa baguette, dernier vestige du caractère érotique

La Cordelière, emblème incontesté fort pur
De la *Religion* qui *Relie* à coup sûr.
Mot **Fert**, « *supporte, apporte* ou *remporte* », en l'Eglise,
N'est qu'une fois encor tête de la devise. (1)
L'étrange omission de ce Chef décisif
Est bien du sens obscur le principal motif.
Le sens du Corps préfix « **Religion Supporte** »
Et celui de la fin « **d'âme Uniforme et Forte** »
Eclairent d'un jour vif l'emblême captieux,
Qui veut dire en entier : « le cœur **Religieux**
Supporte unimément Fortune et l'Infortune » ;
Car la *Religion* n'est pas moins opportune
Pour l'église de **Brou** que pour la reine en deuil,
L'ayant fait ériger, et marque, dès le seuil,
Que cette œuvre de foi d'une âme désolée
N'est qu'un royal sépulcre, un vaste mausolée.
Là, sous un marbre blanc, travail exquis, fort beau,
Fidèle en la mort même et Veuve inconsolée,
Le lévrier aux pieds, en un pareil tombeau,
Dort **Marguerite** auprès de **Philibert-le-Beau**.

---

de la création de cet Ordre militaire, et qui semble avoir
suggéré une troisième interprétation fort libre, des initiales
F. E. R. T. : *Frapper, Entrer, Rompre, Tout.*

(1) La devise complétée de son *Corps* se retrouve au
sommet de la balustrade de fer qui entoure le tombeau de
Marguerite d'Autriche, avec une curieuse variante : en tête
du mot FERT et de la devise, la Croix de Bourgogne précède
le lacet de Savoie : l'idée de crucifiement se joint à celle
d'enlacement, et l'emblême offre le sens : « **Crucifiée et
Veuve, elle Supporte Fortune, etc...** » la Cordelière
indiquant aussi le veuvage.

Un second sens surgit : « Enlacés *l'on* Supporte
Fortune *et l'Infortune avec âme* **Une** *et* **Forte** ».
Le sens profane, ici, succède au sens dévot,
Car souvent la *devise* est un pur jeu de mot.
Marguerite d'Autriche étant des plus instruites,
Possédant maints talents, cinq langues favorites (1),
Pour la devise encor brillait sans contredit,
Puisque la sienne excelle en beautés inédites.

---

(1) La Régente des Pays-Bas, musicienne, poète, parlait
le Latin, l'Allemand, le Français, l'Espagnol et l'Italien. —
Un détail bien typique de l'époque et du lieu, que j'ai cru
d'abord personnel à Marguerite d'Autriche, mais qui émane
de son homonyme la Reine Marguerite de Valois, première
femme de Henri IV, peint très bien l'engouement général
pour les devises. Parlant d'un voyage qu'elle fit en Flandre
en 1577, cette dernière dit au deuxième volume de ses Mé-
moires : « J'allais en une litière faite à piliers doublés de
velours incarnadin d'Espagne en broderie d'or et de soie
nuée à Devise. Cette litière était toute vitrée et les vitres

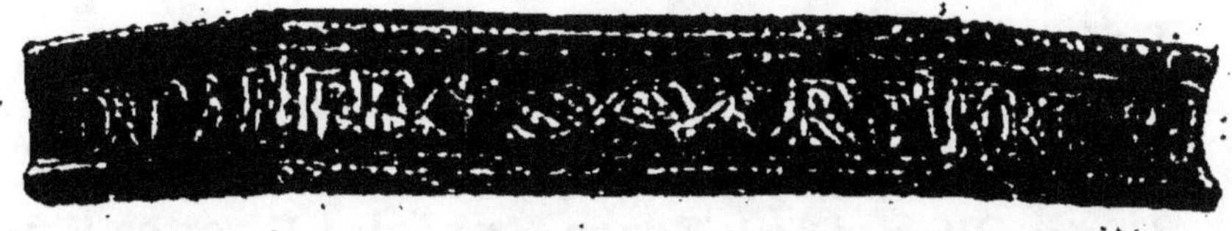

Si le Corps laisse et Fert est joint au mot inscrit
Sur chaque pan voisin, oubliant de la sorte
L'Infortune aux deux pans face au chœur, à la porte,
Oubli bien instinctif, l'épigraphe se lit :
« **Au Fort Une s'enlace et Fortune lui porte** »(1) ;
Ou « **Le Fort Une enlace et Fortune remporte** ».
Soit donc deux sens nouveaux. En effet, le cordon
Marque les nœuds d'Hymen ou lacs de Cupidon ;
Preuve, le **Las d'Amour d'Amé VI de Savoie** (2),
Des cheveux de sa Dame éternisant le don,
Et formé d'un collier, avec lacet de soie,
Couleur du bracelet de doux cheveux, sa joie.

----

faites à Devise, y ayant, ou à la doublure ou aux vitres,
quarante devises toutes différentes, avec les mots en Espagnol et Italien, sur le soleil et ses effets. »

(1) Discrète allusion à la mésalliance de la reine, fille
d'Empereur, avec un simple duc.

(2) **Le Collier de l'Ordre du Las d'Amour** ou du
Collier se composait de roses d'or émaillées de rouge et de
blanc, jointes ensemble par un nœud ou **Las d'Amour de**
soie couleur de cheveux. Amé VI, le galant Comte Vert,
créa effectivement cet Ordre en 1362, en souvenir d'un bracelet de cheveux de sa Dame.

Amédée **VIII** choisit la Cordelière d'or
Pour l'Ordre Annonciade, avec le quator
De lettre **F. E. R. T.** commençant chaque terme
Que le grand **Amédée** en sa devise enferme
Pour bien marquer qu'il fut de **Rhodes** défenseur
Contre *Ottoman*, soit : **Force, Exploits, Rhodes, Tuteur** (1),
Le Collier de Savoie est donc des sens le germe.
Un plus antique exergue encor peut convenir,
Portant : par **Féage Et Religion Tenir** (2).

    La laisse avec mot FERT, en tout cas, symbolise
Les deux Ordres guerriers, en marque la **Maîtrise.**
C'est l'écusson ducal de Philibert-le-Beau,
Son collier distinctif, au vitrail, au tombeau,
Et c'est la clef des sens, le **Corps** de la devise.

---

(1) En latin : **Fortitudo Ejus Rhodum Tenuit**, sa force a soutenu Rhodes. Amédée VIII, premier duc de Savoie, fit disparaitre toute la galanterie de l'Ordre du Las d'Amour, substitua le nom de l'Annonciade et la cordelière d'or au lacet de soie, et *prit soin d'expliquer les lettres mystérieuses, initiales de la devise du Grand Amédée.*

(2) Une médaille d'or du règne de Victor Amé 1ᵉʳ, figurant au médailler des rois de Sardaigne, porte les mots : **Federe Et Religione Tenemur**, nous sommes par **Féage Et Religion Tenus**, exergue dont le Grand Amédée a gardé les initiales, quand, après le siège de Rhodes, *il quitta les armes anciennes des Comtes de Savoie,* pour prendre celles des Chevaliers de Rhodes, qui sont de gueules à la croix d'argent. *Cet exergue justifie pleinement les deux premiers sens, le lien religieux, le lien humain ou social.*

La mort, entre devise et blason, rompt l'accord,
Rompt le doux **Las d'Amour**, tranche la Cordelière :
Sous le blason, la palme, avec tête de mort,
Désigne **Philibert** : la palme est solitaire (1)
Et n'entrelace plus la **Marguerite** altière,
Qui, rayonnante, aux murs, en **Las d'Amour** se tord,
Suave fleur de l'art, dentelure de pierre.

Que marque la devise, en ôtant le blason ?
Un seul sens d'antithèse et de comparaison :
« **En fortune, Infortune,** elle est **Forte** *quoique* **Une** ».
Marguerite en prouva la justesse opportune ;
Sa vie, à sa devise, a su donner raison.

---

(1) La **Marguerite** *enlacée à la palme*, un des motifs les plus fréquents des splendides sculptures de Brou, symbole de l'espoir d'une union indissoluble en la vie éternelle, s'harmonise avec les beaux vitraux de la Résurrection du Christ, dont l'un porte l'exergue *pour jamés* (alors que dans tous, Philibert à gauche, Marguerite à droite, représentent l'assistance) et *matérialise l'idée générale d'enlacement* des quatre sens. — Ce n'est qu'une variante du Las d'Amour, tout comme d'ailleurs le *chiffre* ou les initiales P. M. qu'entrelace la Cordelière. La palme représente donc Philibert. La vasque octogonale du Bénitier repose sur quatre palmes formant les angles de quatre panneaux rectangulaires. — Sur le premier panneau parallèle à l'axe de la nef, sous le blason est une tête de mort qui lève tous les doutes. A l'opposite, se trouve une tête d'enfant, mais à droite et à

Tels sont donc les cinq sens bien distincts, le **Mystique**
L'**Humain**, les deux d'**Hymen**, la **Devise historique**.
L'emblème ingénieux, pour pleurer un cher mort,
Prend son Collier pour base et, cinq fois, sans effort,
Fait parler ce muet par une âme ou légende
Telle, qu'isolément, personne ne l'entende,
Mais très judicieuse, adjointe à son support,
Cette âme est la devise et n'a, **l'art le commande**,
Qu'un sens reflèxe, issu du corporel accord,
Mais dont il est l'inverse ou l'opposé discord.

L'énorme bénitier, comme un sphinx ironique
Avec l'eau, vainement, offrant la clef, l'**Unique**,
Sut narguer, trois cents ans, le voyageur distrait (1)
Et soustraire aux regards sa masse et son secret.

Bourg, 2, chemin des Graves, février 1897.

gauche sont deux chimères. C'est un second emblème
voulant dire que Philibert est mort sans enfant, que chimé-
rique a été son espoir de postérité. Enfin, troisième emblème,
une croix symbolique de marbre noir, *la croix de douleur,*
mais qui paraît n'avoir jamais été posée, devait surmonter le
socle quadrangulaire qui émerge du centre de la vasque
octogonale et attester la résignation chrétienne de l'auteur de
la devise, fondatrice de Brou et du Bénitier. Cet emblème
manquant caractérise bien le premier sens.

(1) Le bénitier emblématique, offrant, comme un portier,
la clef de la devise, est peut-être l'unique motif de Brou qui
n'a pas encore été reproduit, ni en gravure, ni en photo-
graphie. Il explique tout, *même les détails manquants.*

Croix de Bourgogne

La Palme Enlacée